流淌的中华文明史

魔术师的建筑

杜 莹◎编著 朝画夕食◎绘

四川少年儿童出版社

图书在版编目（CIP）数据

流淌的中华文明史.魔术师的建筑 / 杜莹编著；朝画夕食绘. -- 成都：四川少年儿童出版社, 2024.9.

ISBN 978-7-5728-1612-3

Ⅰ．K203-49；TU-092.2

中国国家版本馆CIP数据核字第20249LQ433号

出 版 人：余 兰
编 著：杜 莹
绘 者：朝画夕食
项目统筹：高海潮 周翊安
责任编辑：王晗笑

封面设计：张 雪 汪丽华
插画设计：夏琳娜 赵 欣 马 露
美术编辑：苟雪梅
责任印制：李 欣

LIUTANG DE ZHONGHUA WENMINGSHI MOSHUSHI DE JIANZHU

书 名：流淌的中华文明史 魔术师的建筑
出 版：四川少年儿童出版社
地 址：成都市锦江区三色路238号
网 址：http://www.sccph.com.cn
网 店：http://scsnetcbs.tmall.com
经 销：新华书店
印 刷：成都鑫达彩印印务有限责任公司

成品尺寸：203mm × 203mm
开 本：20
印 张：5
字 数：100千
版 次：2024年10月第1版
印 次：2024年10月第1次印刷
书 号：ISBN 978-7-5728-1612-3
定 价：25.00元

你知道吗？

姓名：**夏小满**

翠柏路小学五年级学生

身份：问题研究所所长

个性：热爱历史，对万事万物充满好奇心。

口头禅：你知道吗？

最大的愿望：发明时空门，穿越回古代，亲眼看看那些历史名人是不是和书本上画的一样。

夏小满的同桌和邻居

姓名：**王大力**

身份：问题研究所首席研究员

个性：热衷考古和品尝各地美食。

口头禅：为什么呢？这到底是为什么呢？

最大的愿望：守护、传承中华文明，探寻历史长河里所有有趣好玩的故事。

为什么呢？

移动的城堡真的存在吗？

增高10cm

房子也需要增高鞋？

和熊猫撞色的建筑你见过吗？

研究所

你知道哪里有风景秀美的厕所吗？

危险

中国也有比萨斜塔？

拼 搭

有像积木一样拼搭出来的房子吗？

华夏大地上都出现过什么样的建筑呢?

建在土坑里的, 有土房; 高高耸立的, 是高塔; 跨在河面上的, 是桥梁; 那么, 建在悬崖峭壁上的是什么?

危房!

在我国上千年的历史中, 有这样一些魔术师, 在他们的手中"变"出了千奇百怪的建筑。这些建筑都是什么样子的呢? 这些魔术师又是谁?

快跟着问题研究所的小满和大力去探秘吧!

目录

壮观

黄土高原位于我国中部偏北，海拔 800 米以上，是我国四大高原之一。这里气候干燥，降雨量很少，树木也长得很稀疏。生活在这里的人们因地制宜，挖凿出各式冬暖夏凉的窑洞。

分布区域：山西、陕西、甘肃、宁夏及青海等

窑洞是黄土高原上的居民们古老的居住形式哦。

嗨

为什么人们要在高原的山崖边挖房子住呢？

1 人们想要一个不需要花费很多钱就能建造的安居之处。

缺

2 高原上缺少传统建筑所需的材料资源。

我有勤劳的双手和机灵的脑瓜。

土质坚硬，黏(nián)度高

黄土

3 大面积的黄土层适合修建窑洞式住宅，挖出来的泥土还可以平整场地，搭建墙体等。

窑洞的样式

靠崖式

在山崖或土坡边缘处，朝崖壁里面开挖出洞穴式住宅。

下沉式

自平地向下挖出一个大坑，形成一个下沉式院落，然后沿着院落的 4 个壁面向内开挖窑洞。

独立式

窑洞里面的顶可不是平的哦，是像这样有弧度的。

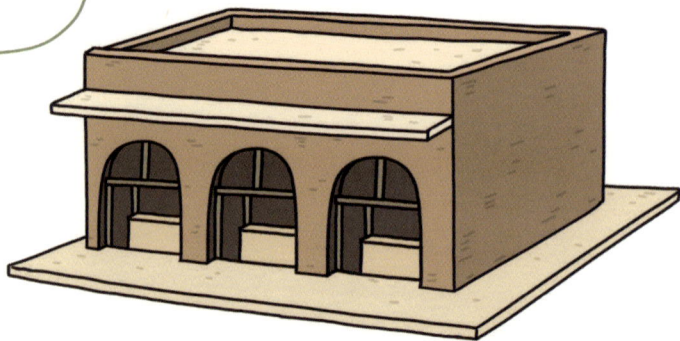

在平地用土坯、砖石等建造仿窑洞的建筑。

你知道吗？

窑洞的内部布置是怎样的呢？
　　窑洞内光线较暗，火炕（床）一般会搭建在窗边，一来能有更充足的光线，二来窗边通风较好，也能保证被褥相对干燥。窑洞内的家具一般比较低矮，炕上会有炕桌。

我在这里！

火炕→

葡萄干大家都吃过吧！那么又香又甜的葡萄干是怎么制作出来的呢？这就不得不提到一种特制的房子了，它是专门用来晾晒葡萄的晾房，也叫荫房。在我国新疆维吾尔自治区的吐鲁番，几乎每家种植葡萄的农户都建有这样的房子。

分布区域：新疆维吾尔自治区

晾房一般是平顶的四方建筑，墙壁用土块砌成，留有许多方孔。

小孔便于通风，还能让阳光从侧面射入晾房，避免直射在葡萄上。

晾房有大有小，高度大都在 4 米左右。它们错落有致地分布在坡地与平原上，形成了别具一格的景观。

晾房里面是什么样的呢？

晾房的内部用木柱支撑，上面架着木椽（chuán），木椽上设置了许多挂架，用树枝、铁钩或麻绳固定，可以用来挂晾葡萄。这种传统的制作工艺能保证葡萄的水分被适当晾干，同时又保持糖分，这样的葡萄干吃起来才甘甜可口。

最低的挂架离地面有二三十厘米的距离，便于通风和清扫掉落的葡萄。

在夏季，鲜葡萄经过 30 到 40 天晾制，就成为我们熟悉的葡萄干了。

哇！好神奇啊！

好吃！

你知道吗？

葡萄晾房一般建在哪里呢？

除了在山坡荒地上修建独立的葡萄晾房外，人们还会在住宅顶上修建葡萄晾房，与宅院相结合。

独立

住宅顶

蒙古包学名毡包，距今已经有 2000 多年的历史了，这种居所冬暖夏凉，不怕风吹雨打，非常适合逐水草而居的牧民使用。除蒙古族外，维吾尔族、哈萨克族、塔吉克族等少数民族牧民也有住蒙古包的传统。直到今天，许多草原上的牧民仍然沿袭传统，住在蒙古包里。

分布区域：内蒙古自治区部分区域及蒙古族、维吾尔族、哈萨克族、塔吉克族居住的其他区域

可以移动的家，最适合我们这种三天两头搬家的人了。

陶脑

乌尼

哈那

蒙古包的外形像一个倒扣的半球形，主要由骨架和毛毡构成。骨架的最上部分有个天窗，蒙古语里叫"陶脑"，陶脑的四周是一圈像伞骨架一样的乌尼，在乌尼下面像栅栏墙一样的结构是哈那。

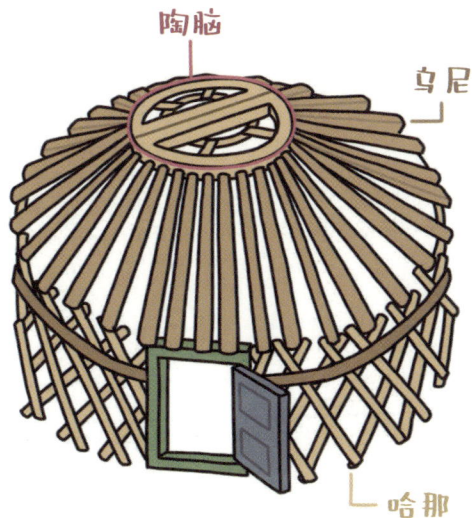

蒙古包里面是怎样的呢？

蒙古包的中央部位，会放一个炉灶或火塘。

天窗是唯一的窗户，也是炉灶烟囱的出口。

一般的蒙古包由4扇哈那合围而成，俗称"四合包"，帐顶和四壁覆盖毛毡，地面上也会铺毡毯。

蒙古包里面的家具较矮，沿着毡壁四周摆放，主要用来放衣物和餐具。

人们喜欢围着炉灶或火塘盘腿而坐，一起享用美味的奶茶。

冷空气

今天也是吉祥的
一天呢!

竟然敢无视我!

太阳公公早上好!

你 知 道 吗 ?

我国蒙古族居住的蒙古包,门是冲哪个方向开的呢?

蒙古包的门一般开向东南面,一来是为了避开来自西伯利亚的强冷空气,二来蒙古族的人民认为门朝着太阳升起的地方开才吉祥。

04

土做的大汉堡

福建土楼

魔术师变出的大汉堡能吃吗?

土楼是世界独一无二的大型民居形式，是中国传统民居的瑰宝。土楼，顾名思义就是土造的建筑，以当地黏质红土为主材料，加入细沙、石灰，经反复捣碎、拌匀，做成俗称的"熟土"。在房屋的一些关键部位还要掺入适量熟糯米、红糖，以增加土质的黏性。

 **分布区域**：闽(mǐn)西及闽南地区

科学的配方才能造出坚固的房子！

细沙

石灰

黏质红土

熟糯米

红糖

土楼好像大地上生长的巨大蘑菇，又像是黑色飞碟自天而降。这些土楼是谁建的？为什么要建这样奇怪的土楼呢？

土楼是由 客家 人建起来的。客家人是对古代因为战乱、饥荒等原因从中原迁到广东、福建等地的人群的称呼。古代的客家人与当地原住民时常发生矛盾冲突，加上当时社会环境不安定，同一个族姓的客家人就建造了堡垒一样的巨大土楼，他们在这里聚居，共同生活，集体防御。

"客家"是相对世世代代生活在当地的"土著"而言的。

土楼一般有2到6层，一层基本没有窗户，二层以上开少量的小窗。这些小窗除了通风和采光，还有一个作用，就是作为观察、射击孔用于防御。

 一层通常为厨房、餐室。

二层用于储存物品。

三层以上为卧室。

我真是一个集通风、采光、抗震、隔音、保温、防卫等功能于一身的"土男子"啊!

骄傲

你知道吗?

福建土楼有哪些样式呢?

土楼有圆形、方形、椭圆形、多边形、八卦形等多种样式。

数学老师

几何都学得这么好吗?

05

踩着高跷的房子

干栏式建筑

爬不上去，伤脑筋！

干栏式建筑就是先用竹木在地上搭一个底架，然后在底架上再建房屋。我国浙江宁波的河姆(mǔ)渡遗址出土了干栏式建筑的遗存文物，证明这种建筑距今已经有 7000 多年的历史了。现今这种建筑形式仍然大量存在于我国西南地区，泰国、越南、缅(miǎn)甸等东南亚国家也有使用。

分布区域：广西北部、贵州东部、湖南西部、云南等区域

冲出国门

泰国
缅甸
越南

我在泰国旅游时见过这种房子！

为什么要搭建这样的建筑呢？

1 南方潮湿多雨，干栏式建筑可以避免返潮。

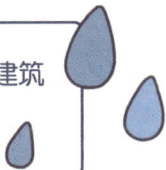

2 防止昆虫、蛇鼠等的侵扰及野兽的袭击。

3 南方气候炎热，木质结构的房子不易导热，木板之间的缝隙还利于通风。

风儿快来！

4 建筑材料容易获得，可以就地取材，上下结构还能有效地利用空间。

干栏式建筑底层架空不住人，主要用来堆放杂物，放置大型农具，还可以养鸡、鸭等家禽或牛、羊等牲畜。

原来这里是杂物间和小动物的家。

人们住在二楼，起居室的中央就是火塘(táng)。火塘是家庭的中心，也可以作为厨房区域，人们在这里烧水做饭，下雨天还可以烘烤衣服。有客人来，大家围绕火塘而坐，欢聚一堂。

你知道吗？

居民住在干栏式建筑里，一般会在火塘上面设置一个吊架，你来猜一猜，那上面挂了什么呢？

原来，吊架上面会悬挂腌肉、鱼干等肉类食品，经过每日的烟熏火燎(liáo)，这些食物可以保存更长的时间。

绝！

06

大地上的水墨画

自古以来，徽州地区就是富庶(shù)之地，大量的徽商遍布全国各地，成功的商人就在家乡买地建房，所以徽派民居格外精美细致，房子内部雕梁画栋，书画满堂，大的宅子中还有假山、水池、花园，十分奢华。

分布区域：安徽、江西等地

代表：西递、宏村、婺(wù)源古民居

赚了钱就回家建房子讨媳妇喽！

徽派民居大都建在依山傍水、环境优美之地，建筑与山水自然相映成趣。民居一般为多进式院落，坐北朝南，多为两层，楼下是厅堂，楼上是居室，四周用白色的高墙围起，除大门外，围墙上只有少数几个小窗。

那院子里岂不是很暗？

不用担心，我们有天井。

天井四周的屋顶都向内倾斜，一旦下雨，这一边的雨水都会流到自家的天井里，寓意肥水不外流，象征着"聚财"。

嘿　嘿

因为地少人多，徽派民居建得都很密集，所以如何防火成为一个很重要的问题。聪明的古人在相邻的建筑之间修了高高的防火墙，墙体的上方会用小青瓦搭成墙檐，像一个小屋顶，因为这些墙的造型类似马头，所以又称马头墙。

青山、绿水、白墙、黛瓦，徽派建筑好似一幅在大地上挥洒的质朴清秀的水墨画。

你知道吗？

下雨的时候，大部分雨水流到天井里，天井会闹水灾吧？

不用担心，在建造房子的时候，聪明的工匠们早就预留了排水的暗沟，它们通往院落外的河流或者池塘，雨水可以通过这些暗沟排到院外。

07

荣登语文课本的桥界大亨

赵州桥

努力和我一样长命千百岁！

妈妈，我在语文课本上见过他！

怎样才能出现在课本里呢？

赵州桥建于隋(suí)代，距今已经有 1400 多年的历史了，由著名的工匠 李春 设计建造，是中国现存最早、保存最完善的空腹式单孔圆弧敞肩石拱桥。1961 年，赵州桥被列入第一批全国重点文物保护单位，1991 年还被选为"国际土木工程历史古迹"。

坐标：河北省石家庄市赵县洨(xiáo)河

李春

我这个设计，放到现在也是数一数二呢。

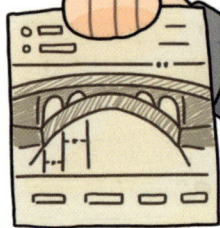

什么是敞肩圆弧啊？

引以为傲

圆 弧

圆弧指的是拱的形状，赵州桥跨度很大，如果以传统的半圆形拱来建造的话，就会出现桥高坡陡的现象，车马行人过桥非常不方便。所以赵州桥的设计者采用了圆弧拱的形式，使桥的高度大大降低，桥面过渡平稳，方便车辆行人通过。

敞 肩

敞肩就是指石桥两端的肩部各有两个小孔，这种设计可是中国劳动人民的一大智慧结晶，西方在 14 世纪才出现类似的石拱桥，比中国晚了 600 多年。

确实好走不少。

这种大拱加小拱的敞肩有什么妙用吗？

1 减轻了洪水对桥的冲击力。

wēi 巍然不动

来势汹汹

唉，力量分散了。

lòu 镂空设计 妙不可言

2 节约了大量的土石材料，减轻了桥的重量。

3 当然也给石桥的颜值加分不少。

赵州桥

颜值分 ⭐⭐⭐⭐⭐

你知道吗？

赵州桥又名"安济桥"，当地百姓俗称"大石桥"，自建成后，承受了无数人畜车辆的重压，饱经了冰雪雨水的冲蚀，经历了多次大地震，经受了战争炮火的考验，依然巍然屹立在洨河上，桥体并无太大变动。

虎丘塔又名云岩寺塔，坐落在虎丘山上。虎丘得名于春秋战国时期，相传吴王夫差的父亲阖闾（hé lú）葬在这里，下葬的第二天，山上出现了一只白虎，所以人们就将此地取名为虎丘。虎丘塔是苏州市的地标性建筑，有"江南第一塔"的美誉。

坐标：江苏省苏州市虎丘山

塔身平面：八角形

打扰了，我只是随便出来散个步。

溜了 溜了……

　　虎丘塔在隋代始建，但那时建的是木塔，数次被毁。直到北宋年间，砖石结构的塔才正式落成，距今已有1000多年的历史了。根据史料记载，从宋代到清代，虎丘塔遭受了7次火灾，顶部和各层的木檐都遭到了损毁，所以现在我们只能看到砖砌的塔身了。

没事干吗总烧我，是因为我长得像一根玉米吗？

　　虎丘塔共有7层，塔身由底部向上层层缩小，每层都有腰檐，造型非常漂亮。但是这座古塔早在明崇祯十一年改建的时候已经出现明显的倾斜。

zhēn

年纪大了，身板挺不直嘞。

爷爷小心！

为什么塔会斜呢？

1 一来塔下的基岩厚薄不均，因而受压后产生不均匀的沉降。

哎，胎里带来的毛病。

不要欺负我这个老人家嘛。

2 二来地下水和雨雪渗透等一系列自然现象，也造成一定程度的塔身倾斜。

你知道吗？

按照常规的设计，塔各层的高度都是有规律地逐层递减，但有趣的是，虎丘塔的第 6 层却比第 5 层要高出 20 厘米，其中的原因不得而知，令人疑惑不已。

怎么会这样

应县木塔又叫应县佛宫寺释迦(jiā)塔，建于辽清宁二年（1056 年），是我国现存最高也是最古老的一座木结构塔式建筑。整座木塔构思巧妙，精致美观，是世界木结构塔式建筑的典范。

它是世界三大奇塔之一哦！

📍 **坐标** ：山西省应县县城西北

⬡ **塔身平面** ：八角形

木塔采用全木结构搭建，不用一颗铁钉，好几千吨的木制构件，互相咬合构成塔身。

木塔从外表看一共有 5 层，因为底层有双檐，所以共有 6 檐。在修建木塔的时候 2 到 5 层之间还夹设了暗层，所以实际上木塔有 9 层，高度相当于现在 20 多层的楼房。

应县木塔在修建时充分利用传统建筑技巧，广泛采用斗拱结构，每层檐下数十种斗拱如云朵簇拥，为木塔增添了灵动之美。
cù

什么是斗拱呢？

斗拱是中式建筑特有的一种结构。它由多个小型木块铺叠而成，承上启下，既可以连接各层柱、梁、枋，又可以悬挑屋檐。
fāng

当大风、地震来临时，斗拱就像可松可紧的弹簧，可以吸收动能，保护主体结构不受侵害。

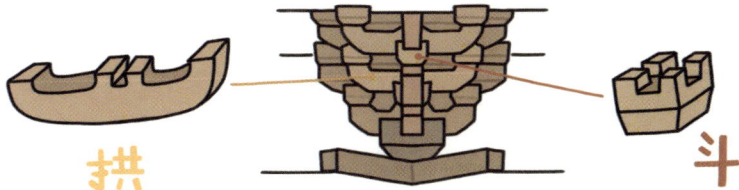

拱

斗

法国埃菲尔铁塔

中国应县木塔

意大利比萨斜塔

你知道吗？

你知道世界三大奇塔分别是哪 3 座塔吗？

它们是法国埃菲尔铁塔、中国应县木塔、意大利比萨斜塔。

我们的木塔真厉害！

10

送给公主的礼物

布达拉宫

欢迎来到美丽的西藏!

布达拉宫始建于 **公元七世纪初**。这片宫殿群是当时吐蕃王朝赞普松赞干布为了迎娶大唐的文成公主而修建的，那时宫内有大小房屋上千间，后来毁于战火雷电。公元1645年的时候，五世达赖喇嘛（lǎ ma）主持重建，此后又进行了多次的扩建、重建，才有了今天的规模。

📍 **地址**：西藏自治区拉萨市中心的红山上

夫君送的礼物真是沉甸甸啊。

"羡慕"两个字，我们已经说累了。

哇！

布达拉宫是"世界屋脊"青藏高原上最为雄伟壮观的古代建筑群，高100余米，主楼13层，依山而建，群楼重叠，建筑仿佛与山岗融为一体，气势雄伟。

布达拉宫由雪城、宫堡和林卡三部分组成。

雪城

雪城位于宫堡之前，是一座近于方形的城堡，这里是原西藏地方政府噶厦的办事处，此外还有马厩、供水处等生活服务机构。

宫堡

宫堡是布达拉宫的主体建筑，又分为白宫和红宫。

白宫是达赖喇嘛的生活起居和处理政务之处。

红宫是达赖喇嘛的灵塔供奉处，这里有五世、七世、八世、九世和十三世达赖喇嘛的灵塔5座。后来，红宫还修建了佛殿、经堂等建筑。

林卡

林卡位于宫堡之后，是一处以龙王潭为中心修建的园林建筑，是布达拉宫的后花园。

布达拉宫所有的宫殿、佛堂和走廊的墙壁上，都绘满了精美的壁画，诉说着这座古老宫殿的历史沧桑、岁月浮沉。

你知道吗？

布达拉宫是世界屋脊上的明珠，宫殿内的壁画精美绝伦，让这颗明珠更加熠熠(yì)生辉。你知道布达拉宫的壁画都画了些什么内容吗？

这些壁画的内容有历史传说、佛教故事，还有当年布达拉宫建造时的场面。

- 五世达赖喇嘛 1651 年进京朝见顺治皇帝图
- 十三世达赖喇嘛 1908 年进京朝见慈禧(xǐ)太后和光绪皇帝图
- 松赞干布请婚图
- 文成公主进藏图

著名壁画

11

悬崖峭壁上的建筑

浑源悬空寺

只有魔术师能想出在悬崖上搭房子的方法！

坐标：山西省大同市浑源县南的恒山翠屏峰东侧

山西北部的群山中，有一片"空中楼阁"，悬挂于悬崖峭壁之上，这就是大名鼎鼎的悬空寺。悬空寺是一组木结构的寺庙建筑群，始建于1000多年前的北魏后期，金代和明清时期都重建过。悬空寺以其独特的建筑特色，成为恒山十八景中的"第一胜景"。

李白当年为悬空寺题"壮观"二字，"壮"字多了一点，有人说这是为了表达他对悬空寺的惊叹。

震撼!!

壮観

悬空寺建在离地面四、五十米的半山腰上，上方是刀劈斧削的巨岩，下方是一条河流。而半山腰刚好有一处天然的凹槽，工匠们从高处悬下，利用工具扩大凹槽，凿出一个可以施工的平台。

这个凹槽可是天然的屏障哦，下雨淋不着，也不怕左右来风，每天的日照最多只有三、四个小时，这样的地形非常利于悬空寺的保护。

工匠们在平台上凿出巨大的石孔，石孔内大外小，深达数米；再选用质地坚硬的铁杉木，在桐油中长时间浸泡，使木材能防腐防潮；然后在木材的一头预先打上楔子xiē，当这些木材插入石孔时，楔子便会将木材撑开，恰好卡在内大外小的石孔内。

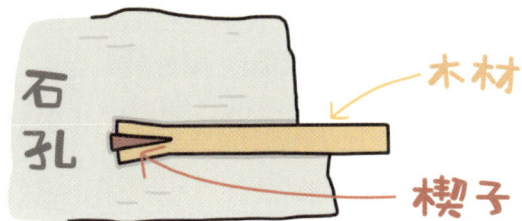

石孔

木材

楔子

这不就相当于现代的膨胀螺钉嘛。

43

这些木材超过三分之二的长度深入山体，以岩石平台为支点，工匠就在余下的三分之一上横铺木板搭建房屋。他们利用中国传统的榫卯梁架组合，像搭积木一样搭出一个完整的框架，就这样，整个寺庙与岩石连为一体，牢固结实，宛若人间仙境。

你知道吗？

山体

窟殿

只好问大山要面积了。

支点　木材

在悬崖峭壁上建殿阁，工匠们面临着一个重要的问题，那就是空间不够。聪明的工匠们是怎么解决这个问题的呢？

为了获取更大的空间，工匠们沿着山体一侧向内挖掘出石窟，窟连殿，殿连窟，顺利解决了空间小的问题。

因为一首诗而闻名的寺院

苏州寒山寺

姑苏城外寒山寺……

一说到寒山寺，大家的脑海中立马会浮现出一首**古诗**：月落乌啼霜满天，江枫渔火对愁眠。姑苏城外寒山寺，夜半钟声到客船。这首诗的作者是唐代诗人张继。在安史之乱爆发后的一个秋夜，他逃难到此，游览了寒山寺，随后留下了这首千古名作。因为这首诗，寒山寺闻名天下，成为文人雅士竞相游历之地。

📍 **坐标**：江苏省苏州市城西枫桥镇

我只是随便一写。

大神请收下我的膝盖！

佩服

寒山寺初建于南朝梁时期，距今已经有 1500 多年的历史了。它曾毁于战火，后来经历数次重新修建，才成了今天的模样。

寒山寺现存的主要建筑

 山门

 大雄宝殿

 钟楼

 藏经楼

 枫江楼

· · · · · ·

让我来保佑你们吧！

寒山寺钟楼悬挂着一口清光绪年间铸造的大钟，大钟有一人多高，外围需要三人合抱。19 世纪 70 年代末，寒山寺恢复了除夕夜听钟声、迎新年的传统民俗活动，每年除夕，中外游客云集寒山寺，一起聆听 108 声洪亮悠扬的钟声，互相送上美好的祝福，祈求新的一年国泰民安，事事顺遂。

为什么要敲 108 下钟呢？

一种说法是每年有12月、24节气、72候，相加正好是108之数，敲钟108下，表示一年的终结，表示除旧迎新。

另一种说法是，传说人在一年中有108种烦恼，钟响108次，人的所有烦恼便可消除。

快点！我要把我的烦恼都敲走！

你知道吗？

寒山寺的名字由何而来？

寒山寺原来叫妙利普明塔院，相传唐代的时候因为著名的僧人寒山担任了该寺的主持，所以后来寺庙就改名寒山寺。

这是我的荣幸。

13

我的屋顶呢？

新疆"阿以旺"

新疆大部分地区气候干燥，风沙强，降雨量少，年平均蒸发量是降水量的50多倍。这里日夜温差又很大，有着"早穿皮袄午穿纱，晚围火炉吃西瓜"的说法。所以当地就流行"阿以旺"这种传统的民居形式，以灵活的方式适应风沙、日晒等恶劣的天气。

分布区域：新疆维吾尔自治区

新疆产的瓜真的好甜！

哈密瓜可是中国国家地理标志产品！

在维吾尔族语中，"阿以旺"意为明亮的住所。阿以旺虽然是完全封闭的室内空间，但大厅顶部带有天窗，使得整个居室看上去很明亮。

来参观一下我们的阿以旺吧!

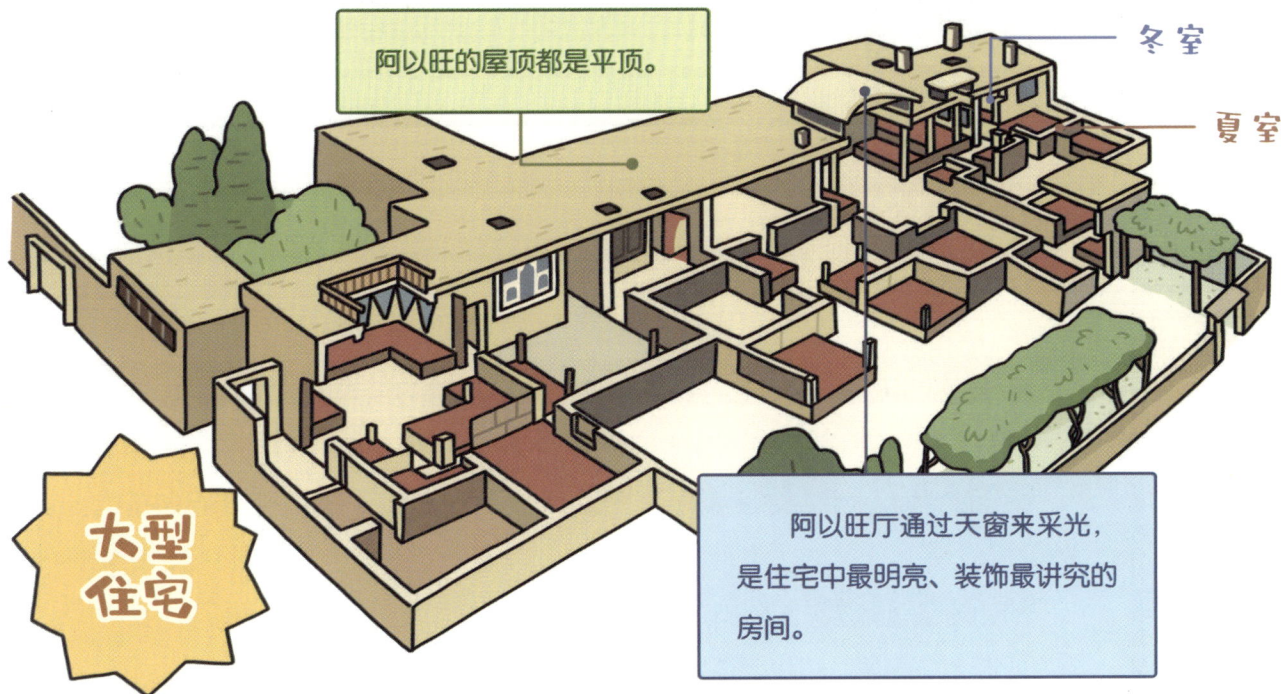

阿以旺的屋顶都是平顶。

冬室

夏室

大型
住宅

阿以旺厅通过天窗来采光，是住宅中最明亮、装饰最讲究的房间。

阿以旺的庭院是公用的起居室和会客室，也是可以载歌载舞的聚会场所，它四面都有门通向周围的房间。

夏天和冬天，我们住在不同的房间。

夏室面积大，靠近阿以旺厅，通风采光较好。

冬室面积小，只在屋顶开小天窗通风，所以房间较暗，但是保暖效果很好。

夏

冬

你知道吗？

　　新疆民居以土坯墙为主，但随着不同地区气候的差异，建筑师们也会因地制宜。

　　北疆的昌吉、伊犁地区，降雨量较多，民居的土坯墙就多用砖石做基础和勒脚。

　　天山南麓的焉耆（lù yānqí）地下水位高，人们就填高地面地基，并在地基与墙身结合处铺上防潮层，防止土坯墙受到水的侵蚀。

14

世界屋脊上的石头房子

藏族碉房

碉房是 **藏族** 普遍使用的一种居住建筑形式。汉族民居喜欢以院落的形式将不同功能的房屋平面组合在一起，藏族民居则是将各种功能的房间立体安排在一栋建筑内，这个建筑外形方正，看上去像一座碉堡，所以就有了"碉房"这个名字。

分布区域：青藏高原及内蒙古部分地区

真是太有特色了！

哦，这就是独栋大别墅！

碉房整体造型牢固结实，下大上小，风格古朴粗犷，四周墙壁多用石块堆砌而成，层高较低，一般只有2.2米至2.4米。碉房大多是多层建筑，窗口为梯形，底层一般不设窗或者只设小窗。

这是为了防止我们野兽军团的进攻吗？

碉楼分层示意图

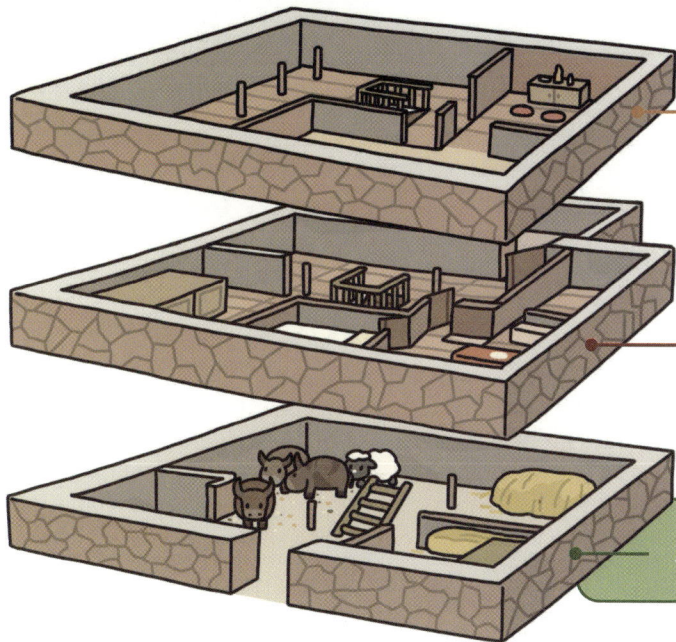

三层是经堂，用来供奉佛像。

二层是主人的起居室、卧室、储藏室等。

底层可以养牲畜家禽，堆放杂物。

所有的碉房楼顶都是平的，人们可以在楼顶晾晒粮食，也可以在上面散步、聊天、载歌载舞。

传统藏族民居的楼梯大都是用一根木头砍出台阶，现在很多民居已经改用木板楼梯了，即便如此，楼梯坡度也很陡，这是为了防止底楼的小动物沿着楼梯跑上来。

原来我们是不速之客！

碉房里的 厕 所 在哪里呢？

碉房二层后面有个向外出挑的阳台，那里就是厕所了。使用厕所的时候，排泄物会直接从阳台落到楼下的地面。碉楼的底层不住人，排泄物对人们的生活不会有太大影响。当地风又大，排泄物的气味很快就会被吹散。地广人稀的高原地区，一户与一户之间的距离也很遥远，所以也不会干扰到其他人。在上厕所时，人们还能欣赏到阳台外美丽的风景，这可真是风景秀美的厕所呀！

三潭印月是西湖 第一
胜境（liànyàn）。在西湖波光潋滟的
湖面上有 3 座石塔，这就
是三潭印月的标志，在人
民币一元纸币的背面就印
着这样美丽的景色。石塔
始建于宋元祐（yòu）五年，但那
时 3 座石塔并不在现在的
位置。当时鼎鼎大名的大
文豪苏东坡任杭州知县，
疏浚西湖后，下令建造了
3 座石塔。后来石塔被毁，
直至明代才重建。

坐标：浙江省杭州市西湖

我的审美你们还是可以相信的!

苏轼

苏东坡组织当地的老百姓清除西湖淤泥，疏通水道，并下令在湖水的最深处建了 3 座石塔作为标志，规定 3 塔以内不允许种植菱角和藕，以防止西湖淤塞。

原来这还是地标建筑啊。

3 座石塔造型优雅，大小、形状完全一致，相互之间距离 64 米。每座石塔露出水面的高度大约 2 米，是用青石垒叠起来的，塔身呈球形，上面排列着 5 个小圆孔，装饰着浮雕图案，塔顶像个大葫芦。

2 米

64 米

从上向下俯视，3 座石塔构成了一个等边三角形。

为什么要在塔身打 5 个孔呢？

三潭印月自古就是赏月的胜地，每年中秋佳节，在每个塔中心点上一支蜡烛，再在洞口蒙上一层薄薄的纸，烛光透过薄纸影影绰绰，远看就像月亮一样。

你知道吗？

在月朗天清的中秋之夜能观赏到 33 个月亮，你相信吗？

这一奇异景致，只有在西湖上才能看到。三潭印月每个石塔有 5 个洞，塔内点上蜡烛后，3 个石塔总共可映出 15 个月亮，加上倒影就有 30 个，天上还悬挂着一轮明月，水里有明月倒影一个。至于最后一个月亮嘛，自然就是游人的心中月喽。

哇，好神奇！我也想亲眼看一看！

瓮城是为应对战争而出现的建筑，属于一种"加装城墙"，它是加装在城门前面或者里面的护门小城，多呈半圆形或方形，与主城墙同高或比主城墙稍低，属于中国古代城墙或关塞的一部分。

分布区域：中国古代的各类城市、关塞

这样感觉真的很容易抓住里面的人！

城墙呢？

古人为什么要修这样的加装

从军事进攻的角度看，一座城池最薄弱的地方，自然是城门，所以为了攻进城内，较好的办法就是攻破城门。

为了更好地防御敌方攻城，瓮城就应运而生了。

城门失守，就兵败如山倒了。

放我出去！

只要敌人攻入瓮城之中，可以将主城门和瓮城门关闭，敌人就犹如"瓮中之鳖"，己方军队就可以居高临下，消灭敌兵。

瓮城上一般还会设立箭楼等防御设施。箭楼上面有很多孔，每一孔背后都有一个射手。只要敌人靠近，射手就会万箭齐发。有些城墙中还会配备藏兵洞，随时调动步兵伏击敌军。

早期的城墙主要是用生土夯筑。

生土

自然形成的原生土壤

随着筑城技术的进步和科技的发展，到了唐、宋时期，一些较大的城池都用砖来包砌城墙。

明、清时期很多城池采用整齐的条石、块石和大城砖来包砌城墙。

你知道吗？

用砖块砌城墙的话，用什么材料来黏合呢？难道当时已经有水泥了吗？明代城池的城墙，砌砖用的黏合材料会采用糯米石灰浆。

哇哦，原来糯米还有这妙用啊。

好大一盘棋

隋唐长安城

唐长安城是以隋代大兴城为基础修建的。隋王朝建立后，隋文帝 杨坚 觉得汉代的长安城又老又旧又小，加上水污染严重，就决定在汉代长安城的旁边重新选一块风水宝地来建都城，于是任命当时的建筑工程专家宇文恺(kǎi)为总工程师，开建大兴城。

📍 **坐标**：西安城区及周围地区

唐长安城是当时世界上

规模最大　　建筑最宏伟

规划布局最为规范化

的一座都城。

这样说来，隋大兴城是唐长安城的前身喽？

前身

这座城市的俯瞰图就像个方方正正的棋盘！要不，我们就以这个城市为棋盘下一局棋吧。

隋代灭亡后，唐在隋代大兴城的基础上开始翻新，改大兴宫为太极宫，又在城北兴建了大明宫。

唐代的皇室迁居到了大明宫。到了李隆基当皇帝的时候，又修建了兴庆宫。所以太极宫、大明宫、兴庆宫就构成了长安城的政治中心，城里的达官贵人多居住在长安城的东北部，而长安城的西南部就是老百姓的居所了。

我们风湿病人喜欢地势高、空气干燥的地方。

李治

我们搬到大明宫吧。

长安城中还有两个商业中心——东市和西市，大家常说的"买东西"就是来源于此。东市靠近富人区，卖奢侈品的比较多，西市在平民区，老百姓的日常所需都能买到，又因为胡商比较多，还能买到不少洋玩意。

长安城里街道纵横，共划分出108个坊，都用围墙围起来，一个坊就相当于一个小区，进行全封闭式管理。到了晚上坊门就会关闭，老百姓不允许在街上瞎溜达。

各回各家，各找各妈。

溜了

溜了

你知道吗？

唐代长安城晚上有宵禁制度（就是晚上老百姓不得随意出门），但有个节日例外，在这一天大家可以在城中尽情玩乐，直到深夜。你知道这是什么节日吗？

上元节，也就是元宵节，到时全长安的老百姓都涌上街头，观看各色各样的花灯。

好热闹呀！

现在，你知道变出这些房子的魔术师是谁了吗？没错，就是历史上那些能工巧匠！他们靠着聪明的才智与勤劳的双手，建造出了风格迥异、各具特色的建筑，这些建筑是中华文明历史中的瑰宝。

索引

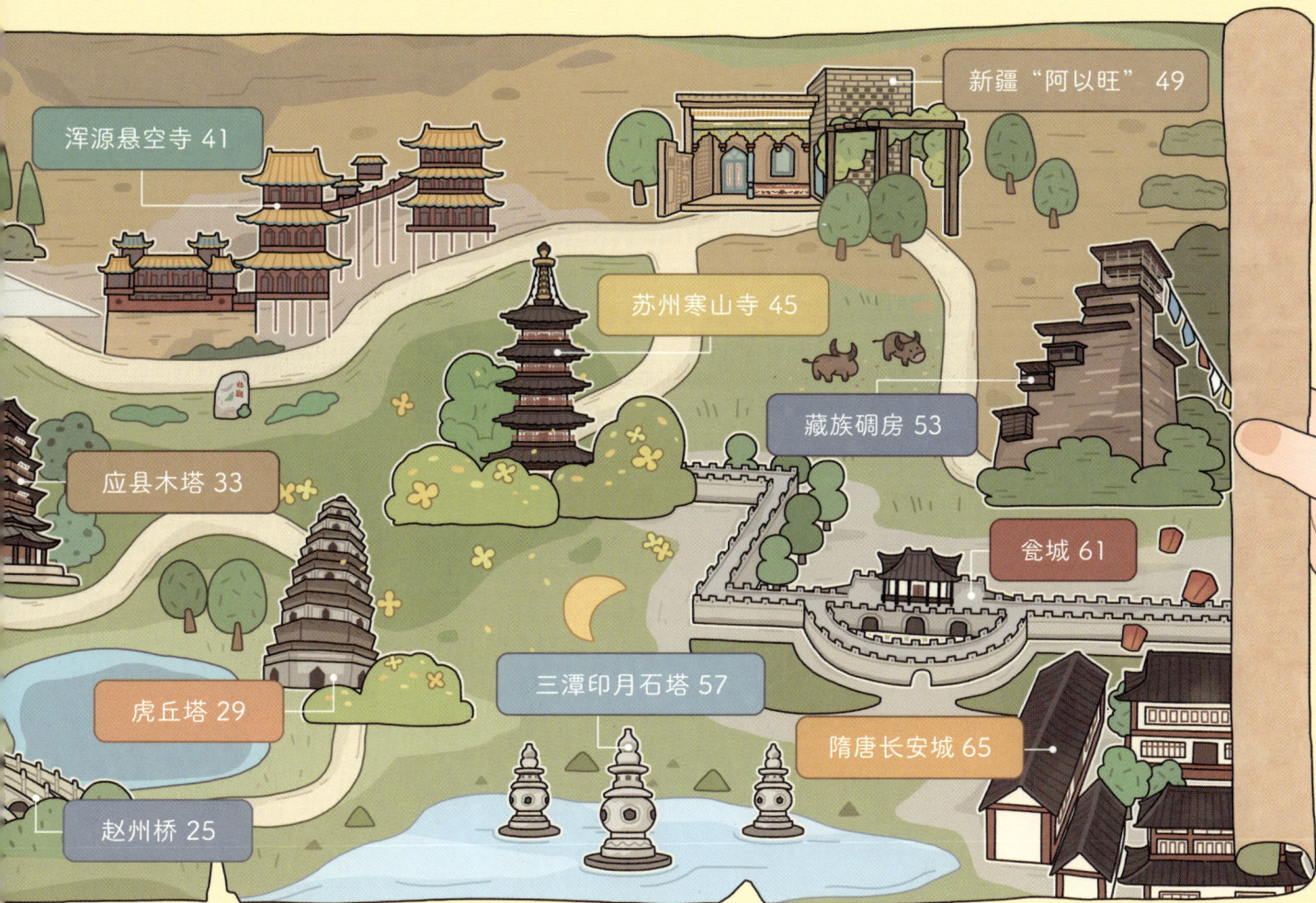

浑源悬空寺 41

新疆"阿以旺" 49

苏州寒山寺 45

藏族碉房 53

应县木塔 33

瓮城 61

虎丘塔 29

三潭印月石塔 57

隋唐长安城 65

赵州桥 25

接下来，请家长帮助小朋友剪下问题卡片，让我们开启"你问我答"的游戏之旅吧！

丙

难度 ★★☆☆☆☆

中国北部黄土高原上居民的古老居住形式是什么？

乙

难度 ★★★☆☆☆

窑洞的式样有哪些呢？

超

难度 ★★★★★★

为什么要在黄土高原建窑洞这种建筑？

乙

难度 ★★★☆☆☆

黄土高原的海拔高于多少？

甲

难度 ★★★★☆☆

葡萄晾房墙壁上的方孔有什么作用呢？

丙

难度 ★★☆☆☆☆

晾房一般都是什么形状的呢？

流淌的中华文明史

答案：花费少、高原缺少建筑材料、黄土层适合挖窑洞。

流淌的中华文明史

答案：下沉式、靠崖式、独立式

流淌的中华文明史

答案：窑洞

流淌的中华文明史

答案：平顶的四方建筑

流淌的中华文明史

答案：通风且阳光不会直射

流淌的中华文明史

答案：1000 米

难度 ★★★☆☆☆

晾房的高度大约有多少？

难度 ★★★☆☆☆

在新疆的夏季，鲜葡萄要晾制多少天才能成为葡萄干呢？

难度 ★★★★☆☆

蒙古包里有窗户吗？

难度 ★★☆☆☆☆

蒙古包里的中央部位会放置什么呢？

难度 ★☆☆☆☆☆

我国蒙古族居住的蒙古包，门是冲哪个方向开的呢？

难度 ★☆☆☆☆☆

土楼是中国哪个区域的特色建筑？

流淌的中华文明史

答案：有，天窗

流淌的中华文明史

答案：30到40天

流淌的中华文明史

答案：4米

流淌的中华文明史

答案：闽西及闽南地区

流淌的中华文明史

答案：东南面

流淌的中华文明史

答案：灶台或火塘

乙

难度 ★★★★★★★

土楼一般会建几层?

丁

难度 ★★★★★★★

土楼的一层是做什么用的?

甲

难度 ★★★★★☆☆

建造土楼的主材料是什么?

乙

难度 ★★★★☆☆☆

我国在哪个遗址出土了干栏式建筑的遗存?

丁

难度 ★★★★★★☆

干栏式建筑架空的底层是用来干什么的呢?

甲

难度 ★★★★★☆☆

干栏式建筑的主要建筑材料是什么?

流淌的中华文明史

答案：粘质红土

流淌的中华文明史

答案：一楼通常为厨房、餐室

流淌的中华文明史

答案：2到6层

流淌的中华文明史

答案：竹子、木头

流淌的中华文明史

答案：堆放杂物，养牲畜家禽

流淌的中华文明史

答案：浙江宁波的河姆渡遗址

丙

难度 ★★☆☆☆☆

为了徽派民居能防火，古人想了什么办法呢？

丁

难度 ★☆☆☆☆☆

徽派建筑的颜色主要有哪两种？

超

难度 ★★★★☆☆

徽派民居的一楼和二楼的功能分别是什么？

丁

难度 ★☆☆☆☆☆

徽派民居的马头墙主要是用来干什么的？

丙

难度 ★★☆☆☆☆

赵州桥是谁设计建造的？

丙

难度 ★★☆☆☆☆

我国现存最早、保存最完善的空腹式单孔圆弧敞肩石拱桥是哪一座？

流淌的中华文明史

答案：一楼是厅堂，二楼是居室

流淌的中华文明史

答案：黑白

流淌的中华文明史

答案：修建了马头墙

流淌的中华文明史

答案：赵州桥

流淌的中华文明史

答案：李春

流淌的中华文明史

答案：防火

乙

难度 ★★★☆☆☆

赵州桥一共有几个拱形的桥洞?

超

难度 ★★★★★★★

赵州桥又名什么?

丁

难度 ★☆☆☆☆☆

虎丘塔在哪里呢?

甲

难度 ★★★★☆☆

为什么虎丘塔会倾斜呢?

超

难度 ★★★★★★★

虎丘塔的第6层比第5层要高出多少呢?

乙

难度 ★★★☆☆☆

我国现存最高也是最古老的木结构塔是哪一座呢?

流淌的中华文明史

答案：苏州市虎丘山

流淌的中华文明史

答案：安济桥

流淌的中华文明史

答案：5

流淌的中华文明史

答案：应县木塔

流淌的中华文明史

答案：20厘米

流淌的中华文明史

答案：基石厚薄不均，雨水和地下水等一系列自然现象的影响。

丁

难度 ★★★★★★★

应县木塔从外表看一共有几层呢？

甲

难度 ★★★★★☆☆

你知道世界三大奇塔是哪三座塔吗？

丁

难度 ★★★★★★★

应县木塔在建造的时候使用了钉子吗？

甲

难度 ★★★★★★☆

布达拉宫始建于什么时间？

丁

难度 ★★★★★★★

布达拉宫是松赞干布为了大唐的哪位公主而修建的呢？

超

难度 ★★★★★★★

布达拉宫由哪3部分组成？

流淌的中华文明史

答案：没有

流淌的中华文明史

答案：法国埃菲尔铁塔、中国应县木塔、意大利比萨斜塔

流淌的中华文明史

答案：5层

流淌的中华文明史

答案：雪城、宫堡、林卡

流淌的中华文明史

答案：文成公主

流淌的中华文明史

答案：公元七世纪初

甲

难度 ★★★★★☆

你知道跟苏州寒山寺相关的一首古诗吗？

丁

难度 ★★★★★☆

寒山寺的名字是怎么来的呢？

乙

难度 ★★★☆☆☆

寒山寺钟楼悬挂的大钟是什么时候铸造的？

乙

难度 ★★★☆☆☆

除夕夜的时候，寒山寺的钟声会响几下？

丁

难度 ★☆☆☆☆☆

悬空寺是一座什么结构的寺院呢？

甲

难度 ★★★★☆☆

悬空寺修建于什么时期呢？

流淌的中华文明史

答案：清光绪年间

流淌的中华文明史

答案：相传唐代著名僧人寒山担任了寺庙住持，所以叫寒山寺。

流淌的中华文明史

答案：《枫桥夜泊》

流淌的中华文明史

答案：北魏后期

流淌的中华文明史

答案：木结构

流淌的中华文明史

答案：108

难度 ★★★★★☆

甲

工匠是如何解决悬空寺建筑空间不够的问题的呢?

难度 ★★☆☆☆☆

丙

藏族普遍使用的一种居住建筑形式是什么?

难度 ★★☆☆☆☆

丙

碉房的楼顶是尖的还是平的呢?

难度 ★★★★★★

超

碉房的厕所在哪里呢?

难度 ★★☆☆☆☆

丙

新疆地区流行的民居形式叫什么呢?

难度 ★☆☆☆☆☆

丁

阿以旺是通过什么来采光的?

流淌的中华文明史

流淌的中华文明史

流淌的中华文明史

答案：平的

答案：碉房

答案：工匠沿山体一侧向内挖掘出石窟

流淌的中华文明史

流淌的中华文明史

流淌的中华文明史

答案：天窗

答案：阿以旺

答案：二层后面有个向外出挑的阳台，就是厕所。

超

难度 ★★★★★★★

在维吾尔语中，"阿以旺"是什么意思呢？

丁

难度 ★★★★★★★

三潭印月是哪里的著名景点呢？

甲

？ ？

难度 ★★★★★★

三潭印月的 3 座塔上一共有几个小圆孔？

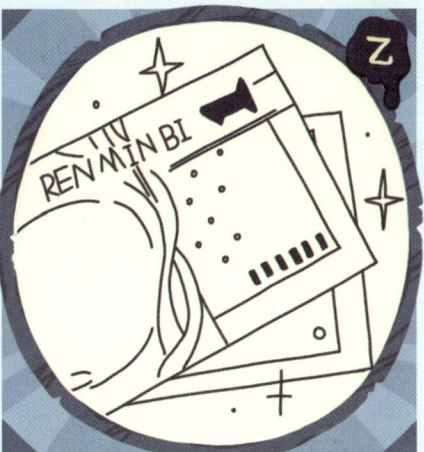

乙

RENMINBI

难度 ★★★★★★

人民币一元纸币背面的景点是什么？

丁

等边三角形？

难度 ★★★★★★

三潭印月的三座石塔之间距离一样吗？

丁

难度 ★★★★★★

碉房的窗口一般做成什么形状？

流淌的中华文明史

答案：每座塔 5 个，共 15 个

流淌的中华文明史

答案：杭州西湖

流淌的中华文明史

答案：明亮的住所

流淌的中华文明史

答案：梯形

流淌的中华文明史

答案：一样

流淌的中华文明史

答案：三潭印月

乙

难度 ★★★★★★★

瓮城的作用是什么呢?

超

难度 ★★★★★★★

明代时工匠用砖块砌城墙,
那用什么来黏贴砖块呢?

回城!

乙

难度 ★★★☆☆☆☆

唐代长安城的老百姓是住
在东北部还是西南部?

乙

难度 ★★★☆☆☆☆

长安城中的两个商业中心
分别是什么?

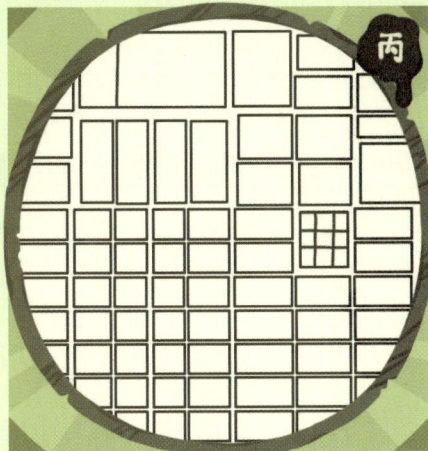

丙

难度 ★★☆☆☆☆☆

长安城街道纵横,一共划
分出多少个坊?

丙

难度 ★★☆☆☆☆☆

唐代的长安城只有一天不
实行宵禁制度,你知道是哪一
天吗?

流淌的中华文明史

答案：西南部

流淌的中华文明史

答案：糯米石灰浆

流淌的中华文明史

答案：应对、防御敌方攻城

流淌的中华文明史

答案：上元节（元宵节）

流淌的中华文明史

答案：108个

流淌的中华文明史

答案：东市和西市